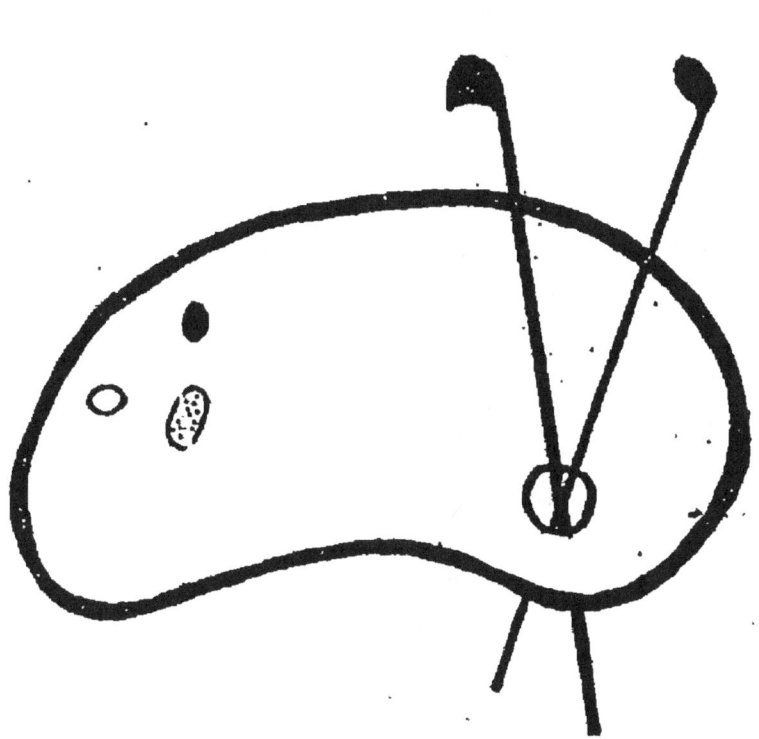

**DEBUT D'UNE SERIE DE DOCUMENTS
EN COULEUR**

CATALOGUE

D'UNE

COLLECTION

D'OBJETS D'ART

ET

D'ANTIQUITÉS

Tels que

Terres cuites & Verres antiques, Vases Grecs en terre peinte, dits Étrusques

Objets religieux des XIIIe et XIVe siècles, tels que Manuscrits sur Vélin, ornés de mignatures, Reliquaires, Croix et Ciboires; Émaux byzantins et autres; Sculptures en marbre, en terre cuite, en bois et en ivoire; Bronzes florentins, Coupes et autres objets en cristal de roche; Bijoux en or émaillé du XVIe siècle; Faïences des diverses fabriques italiennes et allemandes du XVIe siècle; Meubles, cabinets italiens en ébène incrustés d'ivoire, et grand nombre d'objets variés et curieux.

DONT LA VENTE AURA LIEU

HOTEL DES COMMISSAIRES PRISEURS
Rue Drouot, n° 5

SALLE N° 3

Les Lundi 9, Mardi 10 et Mercredi 11 Février 1857.

A UNE HEURE PRÉCISE.

Par le ministère de Me **CHARLES PILLET**, C^{re}-Priseur.
Successeur de M. BONNEFONS DE LAVIALLE,
rue de Choiseul, 11,
Assisté de M. **ROUSSEL**, Expert, rue Neuve de l'Université, 5.

EXPOSITION PUBLIQUE

Le Dimanche 8 Février 1857, de midi à quatre heures.

1857.

MAULDE & RENOU
IMPRIMEURS DE LA COMPAGNIE
DES COMMISSAIRES-PRISEURS,
Rue de Rivoli, 144

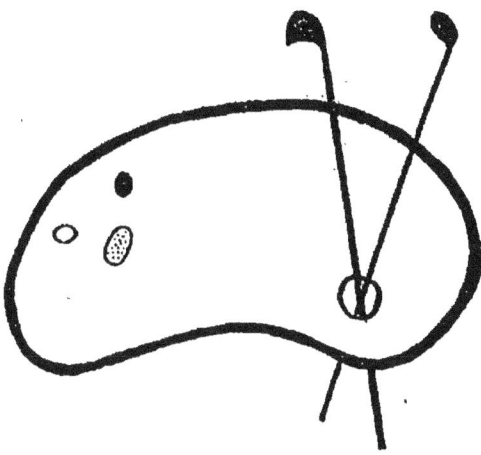

**FIN D'UNE SERIE DE DOCUMENTS
EN COULEUR**

CATALOGUE

D'UNE

COLLECTION

D'OBJETS D'ART

ET

D'ANTIQUITÉS [Delange]

Tels que

Terres cuites & Verres antiques, Vases Grecs en terre peinte, dits Étrusques

Objets religieux des XIIIe et XIVe siècles, tels que Manuscrits sur Vélin, ornés de mignatures, Reliquaires, Croix et Ciboires; Émaux bysantins et autres; Sculptures en marbre, en terre cuite, en bois et en ivoire; Bronzes florentins, Coupes et autres objets en cristal de roche; Bijoux en or émaillé du XVIe siècle; Faïences des diverses fabriques italiennes et allemandes du XVIe siècle; Meubles, cabinets italiens en ébène incrustés d'ivoire, et grand nombre d'objets variés et curieux.

DONT LA VENTE AURA LIEU

HOTEL DES COMMISSAIRES PRISEURS
Rue Drouot, n° 5

SALLE N° 3

Les Lundi 9, Mardi 10 et Mercredi 11 Février 1857,

A UNE HEURE PRÉCISE.

Par le ministère de Me **CHARLES PILLET**, C^{re}-Priseur,
Successeur de M. BONNEFONS DE LAVIALLE.
rue de Choiseul, 11,
Assisté de **M. ROUSSEL**, Expert, rue Neuve de l'Université, 5.

EXPOSITION PUBLIQUE

Le Dimanche 8 Février 1857, de midi à quatre heures.

1857.

CONDITIONS DE LA VENTE :

Elle sera faite au comptant.

Les acquéreurs payeront cinq pour cent en sus des adjudications, applicables aux frais de vente.

On suivra l'ordre numérique. Les Objets non vendus dans une Vacation seront vendus dans le courant de la suivante.

L'Exposition publique mettant les acheteurs à même d'examiner les Objets mis en vente, aucun d'eux ne sera repris sous tel prétexte que se soit.

AVERTISSEMENT.

La Collection offerte en vente est composée principalement d'objets italiens : la majeure partie, dont nous pouvons garantir qu'aucune pièce n'a été soustraite pour être vendue à l'amiable, vient d'être tout récemment rapportée d'Italie. Les Majoliques y occupent une place importante, des Marbres de la belle époque de la Renaissance italienne figurent au premier rang des autres objets, puis des Sculptures remarquables en bois et en ivoire, des Objets religieux d'un grand intérêt, etc... L'Antiquité grecque et romaine y est représentée par plusieurs spécimens de Vases, Verres, Terres cuites, etc., dignes de fixer l'attention des Amateurs. Enfin, la variété et le choix, nous osons le dire, règnent parmi les nombreux objets qui composent notre Collection.

DÉSIGNATION
DES OBJETS

PREMIÈRE VACATION.

Majoliques italiennes

1 — Douze pièces diverses seront vendues sous ce numéro.
2 — Grand plat, tête de Scipion, fabrique de Faenza.
3 — Grand plat, portrait de guerrier du xve siècle, fabrique de Faenza ancienne.
4 — Petit plat d'Engobe, au milieu une figure de la Fortune, gravée légèrement en relief.
5 — Grand plat représentant saint Georges terrassant le diable sous la forme d'un dragon.
6 — Petit vase forme cornet, fabrique de Castel-Durante.
7 — Deux petits vases de même forme, fabrique ancienne de Faenza.
8 — Vase de même forme, fabrique ancienne de Faenza, plus grand.

9 — Vase forme cornet à deux renflements, décoré d'un sujet représentant le bon Samaritain, Urbino.

10 — Vase à deux anses et piédouche décoré d'ornements jaunes verdâtres sur fond blanc, à reflets métalliques.

11 — Autre vase de même fabrique, à très-beaux reflets.

12 — Vase forme aiguière à goulot droit, de même fabrique, à beaux reflets.

13 — Autre de très-petite dimension et de même forme.

14 — Joli plateau à fruits, décoré d'un médaillon représentant Vénus et l'Amour, entouré d'une riche bordure d'arabesques coloriées sur fond blanc, fabrique d'Urbino.

15 — Plat ovale de même fabrique et de même décoration, au milieu Pomone, dans le haut un brasier avec cette devise : *Ardet in æternum*.

16 — Plat de moyenne grandeur, de même fabrique et décoration, au milieu Mars et Vénus.

17 — Plat de même dimension également de la fabrique d'Urbino, décoré, au milieu d'arabesques, d'un cartouche ayant pour supports deux figures de Génie, sur le champ une figure de femme assise.

18 — Quatre petits plats de même fabrique, médaillon à sujet au milieu entouré d'arabesques coloriées sur fond blanc. Ce lot sera divisé.

19 — Très petit vase forme cornet, décoré d'une jolie peinture représentant des Amours.

20 — Jolie salière à trépied dont la coupe est supportée par trois Sirènes.

21 — Autre salière à trépied, dans la coupe supportée par trois griffons est écrit le mot *sale*.

22 — Plat fond bleu foncé, ayant au milieu un médaillon représentant une Sirène en relief, entouré d'arabesques également en relief; pièce d'une fabrique curieuse du commencement du xvi⁰ siècle.

22 bis — Joli petit plat décoré d'arabesques grotesques sur fond blanc, au centre un grand blason.

23 — Plat de moyenne dimension divisé par compartiments, et décoré d'ornements jaunes verdâtres, à reflets métalliques rehaussés de bleu. Fait à l'imitation des plats hispano-arabes, ancienne fabrique de Deruta ou de Pesaro.

24 — Grand plat de même fabrique, ayant un grand buste d'homme au milieu, à très-beaux reflets métalliques.

25 — Grand plat de même fabrique, au milieu de rinceaux un chien chassant une biche. Beau reflet.

26 — Grand et beau plat hispano-arabe, décoré dessus et dessous d'ornements à reflets, au milieu d'entrelacs sont disposées des couronnes, et une inscription en lettres gothiques traverse le plat; il est rehaussé de bleu.

27 — Deux autres de même fabrique très-richement décorés et à beaux reflets. Ce numéro sera divisé.

28 — Vase de forme mauresque à col allongé et à deux anses; il est décoré de feuillages et d'entrelacs, couleur feu sur fond blanc jaunâtre. Hauteur, 31 cent.

29 — Deux tasses accompagnées de leurs plateaux ou présentoirs, de même fabrique. Pièces rares.

30 — Un plateau ou présentoir seul.

31 — Deux vases à goulot et à une seule anse, de forme élégante, décorés de belles arabesques en camaïeu sur fond orange, ancienne fabrique de Faenza.

32 — Beau plat amatoria ou drageoir, dont le fond est occupé par un Amour; autour règne un triple rang de bordures, celle du milieu est composée de fines arabesques, aux reflets rubis et or sur fond bleu, les deux autres plus étroites sont en feuillages verts; charmante pièce de la fabrique de M. Giorgio. Diam. 27 cent.

33 — Autre de plus petite dimension et décorée dans le même genre, de la même fabrique. Diam. 22 cent.

34 — Plat de moyenne dimension, ayant au centre un buste d'homme en camaïeu bleu. Le reste du plat est couvert d'ornements formant des cercles capricieux, aux reflets rouge feu, fabrique de M. Giorgio. Diam. 30 cent.

35 — Grand et superbe plat peint sur couverte bleue, dont le fond est rempli par le sujet du Dévouement de Curtius; le groupe du cavalier s'élance d'un piédestal bas placé au bord du gouffre, et sur lequel on lit :

Senatus populusque romanus en abréviation; le bord est richement décoré de fines arabesques en camaïeu. Au revers se trouve la date de 1535. Diam. 45 cent. Fabrique de Faenza.

36 — Joli plat de moyenne grandeur et de la même fabrique; au centre un portrait d'homme vu à mi-corps, dans un beau costume de l'époque. Les arabesques de la bordure sont d'une grande finesse. 29 cent.

37 — Très-joli plat de la fabrique ancienne de Faenza; au centre, un charmant buste de femme peint avec une grande finesse. Le reste du plat est couvert de belles arabesques formées par des enroulements de Chimères en camaïeu sur fond bleu pâle. Diam. 25 cent.

38 — Joli petit plat ayant au centre un petit buste de femme en camaïeu entouré d'une bordure étroite bleue. Le reste du plat est couvert de branches de chêne entrelacées, coloriées en jaune sur fond noir; fabrique de Casteldurante.

39 — Petit plat amatoria; au centre un buste d'homme avec inscription illisible; les bords sont couverts d'un dessin en imbrication lilas sur fond blanc.

40 — Joli plat dont le centre est décoré d'entrelacs d'un jaune clair sur fond orange; le bord est couvert de feuillages de même couleur, grande fraîcheur et vivacité de couleur.

41 — Petit plat amatoria, bianco sopra bianco, couvert d'ornements d'une grande finesse, blanc sur blanc; au bord est une guirlande

étroite de feuillages verts, et au fond un lion héraldique.

42 — Grande et superbe bouteille plate, forme de gourde de pèlerin; elle est flanquée de deux têtes diaboliques, dont les cornes enroulées servent à passer le cordon pour la suspendre; de la bouche de ces mascarons partent de grands enroulements venant garnir le bas de la panse qui, ainsi que le goulot, est couverte de fines arabesques en grotesques coloriées sur fond blanc. Cette belle pièce se recommande par sa beauté et sa dimension peu communes, fabrique d'Urbino. Haut. 40 cent., y compris le bouchon.

43 — Jolie salière carrée en forme d'autel antique, dont les quatre faces sont ornées de jolies et fines arabesques en grotesques coloriées sur fond blanc; la coupe est accompagnée de quatre autres plus petites en forme de coquilles, au fond de la grande un petit buste de femme, fabrique d'Urbino.

44 — Jolie petite tasse à boire à anse surélevée, en forme de coquille; dans le fond est une jolie figure d'enfant couronné de pampres et de raisins; sujet approprié à l'usage du vase.

45 — Grand et très-beau vase entièrement décoré de belles arabesques en grotesques coloriées sur fond blanc; la panse, de belle forme ovoïde, est ornée d'anses formées par des serpents capricieusement contournés, fabrique d'Urbino du xvi⁰ siècle. Haut. 50 cent.

— 11 —

46 — Aiguière d'assez grande dimension et de très-belle forme; sur la panse est un sujet de plusieurs figures; le reste du vase est décoré de paysages. Pièce remarquable par sa grandeur, fabrique d'Urbino.

47 — Jolie écritoire de forme ovale, décorée de mascarons en relief et d'arabesques en grotesques coloriées sur fond blanc, fabrique d'Urbino.

48 — Paire de vases de forme élégante, dont les anses sont formées par des volutes prenant naissance au-dessus des mascarons, ils sont décorés d'ornements en camaïeu, sur couverte bleue. Haut. 37 cent.

49 — Très-grand et beau vase de forme droite, légèrement renflé par le haut et par le bas, dont les anses sont formées par de superbes Chimères: la panse est décorée de deux sujets, l'un l'échelle de Jacob, l'autre le sacrifice d'Abraham; le couvercle est surmonté d'un Triton, fabrique d'Urbino. Haut. y compris le couvercle, 75 cent.

50 — Jolie aiguière sur la panse de laquelle est peint le sujet des Hébreux adorant le veau d'or; elle est montée en bronze doré.

51 — Paire de grands vases dont les anses sont formées par des serpents; sur la panse deux sujets tirés du Nouveau-Testament, fabrique italienne du XVII° siècle, d'une grande hardiesse de dessin et vigueur de ton. Haut. 60 cent.

52 — Paire de grands vases, de forme Médicis, dont les tambours et les culots sont décorés de fines peintures; le reste des vases est fait

en terre cuite sans émail et dorée; sur l'un d'eux on lit : *Terchi Romano*, fabrique de Sienne du xviie siècle. Haut. y compris les couvercles, 77 cent.

53 — Grande vasque de belle forme, à piédouche bas, décoré en dedans et en de hors de pampres et de raisins.

54 — Vase à anse surélevée au milieu de l'ouverture, ayant à son orifice deux goulots pour verser de chaque côté; la panse est richement décorée de grands blasons et de figures, qui leur servent de supports; sur les flancs un sujet répété où sont représentés d'un côté un jeune homme, de l'autre une jeune femme attachée à un arbre; fabrique de Casteldurante.

55 — Vase hispano-arabe à large panse, garni de quatre anses, couvert d'ornements en relief couleur feu et à reflets.

56 — Belle coupe profonde finement décorée d'entrelacs d'un jaune verdâtre à reflets nacrés.

57 — Beau et grand plat décoré de la même manière, ancienne fabrique de Pesaro ou de Deruta.

58 — Très-grand plat représentant le sujet du Rapt d'Hélène, gravé d'après la composition de Raphaël par Marc-Antoine, vigoureusement et énergiquement dessiné; derrière est écrit: *Il ratto d'Elena fatto in Gafaciolo*, puis une marque ou chiffre de peintre. Diam., 54 cent.

59 — Grand et beau plat représentant le combat de deux Centaures : l'un d'eux est armé d'un fléau d'arme, l'autre d'un cimeterre; au-

dessus de leur tête est une inscription en grands caratères : FR. ELAF. MI. le bord du plat est décoré d'ornements dentelés, il est entièrement peint avec la couleur à reflets d'or et rubis de M⁰ Giorgio. D. 44 c.

235   60 — Grand et beau plat dont le bord est orné de rinceaux et le fond rempli par un grand buste d'homme, avec une banderolle sur laquelle est écrite cette inscription : BRE. BRE. CHONCH. R. AV., peint à reflets nacrés d'une grande vivacité.

110   61 — Grand bassin mauresque, profond, décoré en dedans et en dehors d'ornements très-fins à reflets métalliques; au centre, un blason. Diam. 48 cent.

        62 — Assez grand plat représentant un grand buste de femme dans le costume du XV⁰ siècle ; le bord est décoré d'ornements coloriés sur fond orange, très-ancienne fabrique de Faenza.

75   63 — Autre plat de la même fabrique et du même style, représentant un cavalier dans le costume du milieu du XV⁰ siècle; sur la croupe de son cheval est une chouette; l'air pensif du cavalier donne à croire que l'artiste a voulu rendre la pensée d'Horace lorsqu'il a dit: *Poste quitem sedet atra cura.*

Ces deux pièces sont intéressantes sous le rapport de leur ancienneté.

260   64 — Plat de moyenne grandeur représentant un joli buste de femme dans un costume élégant de la fin du XV⁰ siècle ; la bordure est

décorée d'arabesques sur fond orange, au revers est une marque. Fl., fabrique ancienne de Faenza.

65 — Plat de la même fabrique de la même époque décoré seulement d'ornements.

66 — Plat de moyenne grandeur décoré de belles arabesques sur fond jaune ; au centre, une figure de sainte ; fabrique de Faenza.

67 — Très-joli petit plat amatoria, ayant au fond un joli buste de femme, et le bord décoré d'entrelacs très-fins, d'un jaune clair sur fond orange ; derrière le buste, une légende sur laquelle est écrit *Pacifica*. Diam. 23 c.

68 — Joli plat à fond bleu couvert d'arabesques fantastiques coloriées, fabrique de Faenza.

69 — Deux très-jolis plats décorés de sujets très-finement peints, représentant l'un Neptune, l'autre Amphitrite portés sur les ondes, superbe émail. Diam. 22 cent.

70 — Deux autres de même grandeur, dont l'un représente la déesse Vertumne et l'autre Pomone, belle couleur et bel émail.

Ces deux numéros pourront être divisés.

71 — Plateau de coupe représentant le Jugement de Pâris, très-fine peinture et bel émail.

Ces cinq pièces, selon nous, sont de la fabrique d'Urbino. Diam. 28 cent.

72 — Jolie coupe à piédouche élevé, décorée dessus et dessous de très-fines arabesques en grotesques coloriées sur fond blanc ; au centre, un médaillon où est peinte une jolie figure debout. Diam. 21 cent.

73 — Autre coupe plus grande et plus basse dont le plateau est décoré en dedans et en dehors d'arabesques du même genre ; au centre, un médaillon représentant une femme tenant une épée, debout devant un guerrier. Diam. 26 cent.

74 — Coupe basse sans revers, décorée comme la précédente ; au milieu, deux figures dont une assise. Diam. 29 cent.

Ces trois pièces sont de la fabrique d'Urbino.

75 — Grand et superbe plat d'engobe couvert d'enroulements d'une grande finesse, gravés en relief dans l'engobe ; au centre, un ombilic armorié ; quatre médaillons sont réservés au milieu des ornements et représentent des sujets religieux en relief. Diam. 46 cent.

Cette pièce est la plus fine et la plus belle d'exécution que nous ayons rencontrée de cette fabrique, que nous croyons être de Lafrata, aux environs de Pérouse.

76 — Grand et très-beau plat représentant Jésus marchant au Calvaire ; il est environné d'hommes d'armes dans le costume de la fin du xv° siècle ; sur le devant, les trois Maries accompagnant le Sauveur jusqu'au lieu du supplice ; le bord du plat est décoré d'ornements sur fond orange ; ancienne fabrique de Faenza. Diam. 44 cent.

77 — Assez grand et beau plat représentant un sujet de Bacchanale ; le bord est décoré d'arabesques en grotesques coloriées sur fond alterné blanc et bleu.

— 16 —

150 78 — Cuvette décorée à l'intérieur d'arabesques et de figures d'ornement ; au fond, un blason sur lequel est peint un griffon avec cette inscription : NICOLAO.

100 79 — Autre plus grande ayant au fond une tête de Méduse ; le reste du vase est à compartiments séparés par des bandes imbriquées violettes, et remplies par des arabesques en grotesques coloriées sur fond blanc.

120 80 — Très-joli plat dont le fond est rempli par une rosace compliquée formée d'entrelacs et de grotesques coloriés sur fond blanc, dont le centre est occupé par un médaillon représentant Vénus et l'Amour ; le bord est orné des mêmes arabesques.

> *Ces quatre pièces, et peut-être la suivante, bien que rappelant dans leur système décoratif les majoliques d'Urbino, s'en distinguent tout d'abord par un caractère tout particulier ; nous ajouterons que c'est la première fois que nous les ayons rencontrées, soit que le hasard nous ait mal servi, soit qu'en effet cette espèce de majoliques soit fort rare.*

81 — Plat creux de moyenne dimension, ayant au centre un sujet mythologique peint en camaïeu couleur nankin ; le bord est décoré d'arabesques coloriées sur fond blanc, dans lesquelles la même couleur est employée. Bien que cette pièce diffère un peu des précédentes, nous la rangerions volontiers dans leur espèce.

— 17 —

82 — Charmante petite coupe dont le piédouche est très-bas, à côtes et festonnée, ayant au centre une jolie figure allégorique de femme vue à mi-corps ; le reste du plat est couvert d'arabesques sur fond de couleur alternée bleue et orange, fabrique de Faenza. Diam. 20 cent.

83 — Autre coupe de la même fabrique beaucoup plus grande, ayant au centre un médaillon représentant une figure de femme assise. Diam. 29 cent.
Elle est, comme la précédente, d'un magnifique émail

84 — Joli petit plat peint sur couverte bleue : deux guerriers devant une femme assise et un Amour, fabrique de Faenza.

85 — Très-petit et joli vase forme aiguière, décoré d'arabesques en grotesques coloriées sur fond blanc. Haut. 10 cent.

86 — Petit vase à goulot et anse latérale de forme basse, décorée d'entrelacs jaunes à reflets nacrés, fabrique de Deruta ou de Pesaro.

87 — Bidon à anse surélevée, dont la panse est décorée de figures et de paysages, fabrique de Pesaro.

88 — Drageoir représentant le sujet d'Apollon et Daphné.

89 — Un dito représentant un sujet mythologique. Tous les deux très-bel émail.

90 — Vase forme aiguière à orifice rond, fond bleu clair, ayant sur le devant un grand médaillon entouré de feuillages et de rinceaux ; au centre, un dauphin enroulé autour d'une ancre.

— 18 —

91 — Vase de forme droite décoré d'ornements et de portraits gravés en relief sur engobe.

92 — Plateau à fruits découpé à jour; au fond un médaillon à sujet; il est émaillé en vert.

93 — Autre plus petit émaillé en jaune; au fond, un blason peint.

94 — Boîte carrée décorée dessus et dessous de jolies peintures représentant des sujets de musiciens, fabrique napolitaine.

95 — Bouteille formée par un serpent enroulé sur lui-même, émaillé en couleurs.

96 — Deux jolis petits plats forme drageoir, gravés sur engobe, ayant au fond des blasons.

97 — Vase forme aiguière décoré d'ornements jaunâtres à reflets métalliques.

98 — Plateau semblable.

99 — Drageoir décoré d'un sujet à plusieurs figures.

100 — Vase à couvercle, à reflets jaunâtres métalliques.

DEUXIÈME VACATION.

Verreries de Venise.

101 — Douze pièces diverses, burettes, vases, etc. Ce lot sera divisé.
102 — Petit vase double à goulots contrariés pour contenir l'huile et le vinaigre.
103 — Deux vases émaillés à flammes et à couvercles.
104 — Quatre très-petits gobelets à bords émaillés en couleurs.
105 — Petit vase bleu gravé, à anses et à couvercle.
106 — Petit vase vert émaillé en couleurs; il est carré et a pu servir d'écritoire.
107 — Petit verre à boire, élevé en forme de cornet, orné de mascarons.
108 — Verre à pied élevé orné d'ailerons bleus
109 — Coupe à pied élevé, de forme élégante et d'une grande légèreté.
110 — Petit vase en forme de poisson, émaillé blanc et bleu; la queue se termine par une petite coupe à goulot.
111 — Coupe basse et sans pied, bleue et couverte à l'extérieur d'imbrications émaillées en couleurs et dorées; au fond, au milieu d'une guirlande émaillée, se trouve le monogramme du Christ.

112 — Grand plateau dont le piédouche manque; il est à bords dorés, au milieu un grand médaillon à sujet en émail colorié; ces deux pièces sont du xve siècle.

113 — Grand verre dont la coupe est montée sur un pied élevé formé par un oiseau chimérique capricieusement enlacé et contourné; cette pièce est remarquable par sa perfection et sa conservation.

114 — Belle coupe à piédouche élevé, dont le dessous est orné de rayons alternés rouge, bleu et or; le bord est décoré d'émaux de diverses couleurs, au fond une rosace pareillement émaillée.

115 — Paire de girandoles entièrement en verre et ornées de fleurs en émail de couleurs.

Objets de Poteries et Sculptures en terre cuite.

116 — Pot de bière en terre brune allemande émaillée et dorée, avec couvercle en étain.

117 — Très-grande cruche en terre brune allemande, couverte de feuillages et de figures émaillées; l'anse est formée par une femme renversée et le goulot par un satyre accroupi (1).

118 — Deux grandes cruches en terre brune allemande décorées de feuillages émaillés en couleurs; elles ont leurs couvercles de même matière.
Ce numéro sera divisé.

(1) L'anse a été refaite en faïence blanche par Antonin Moine, ce vase lui a appartenu.

119 — Quinze pièces de faïence dite de Perse, vases, tasses, plats, etc..., d'une grande variété et de très-belle qualité.

Ce lot sera divisé.

120 — Grande plaque ovale en terre émaillée de Bernard Palissi, représentant la grande composition du Baptême, par saint Jean, de Jésus-Christ; très-fine et très-belle d'émail; elle est dans un cadre noir orné d'appliques en cuivre doré.

121 — Petit rétable en terre émaillée italienne, décoré d'architecture et de figures en ronde bosse.

122 — Joli buste ronde bosse en terre émaillée Della Robbia; la tête est coiffée de pampres et de raisins de couleur naturelle; sur la poitrine, revêtue d'une cuirasse à écailles de couleur jaune, est un muffle de lion.

123 — Bas-relief de petite dimension en terre émaillée Della Robbia, représentant le sujet de l'Annonciation; l'Ange est agenouillé devant Marie placée debout, derrière elle se trouve un lit élégant à quenouilles et baldaquin. Les figures sont pleines de sentiment et d'expression.

Haut. 75 cent., larg. 45 cent.

124 — Buste de jeune homme en terre Della Robbia, il est encadré dans une bordure de feuillages et de fleurs. Diam. 50 cent.

125 — Jolie armoirie en terre Della Robbia; elle est à double blason et surmontée d'une tête de chérubin. Diam. 48 cent.

126 — Petit bas-relief en terre Della Robbia, représentant la Décollation de saint Jean-Baptiste. Hérodiade, debout, présente à l'exécuteur un plat pour y recevoir la tête du saint. Haut. 50 cent., larg. 40 cent.

127 — Figure de déesse, assise, ayant à côté d'elle un aigle en terre émaillée de fabrique italienne.

128 — Figure de femme, couchée et endormie, en terre cuite et de ronde bosse de la Renaissance.

Antiquités grecques et romaines.

129 — Jolie petite figure, assise, de Génie ailé, en terre cuite; elle a conservé une partie de sa peinture. Haut. 20 cent.

130 — Petite lampe en terre cuite; elle est montée sur un pied élevé contre lequel est appliquée une figure de Génie ailé. Spécimen fort rare. Haut. 29 cent.

131 — Bas-relief en terre cuite représentant un sujet de vendange. Deux jeunes garçons se tenant par les deux mains à une guirlande ou couronne foulent, en tournant sur eux-mêmes et en dansant, des raisins qui sont à leurs pieds, tandis qu'un vieillard apporte des raisins et qu'un jeune homme danse en jouant d'un instrument. Haut. 30 cent., larg. 50 cent.

132 — Beau vase Prefericulum, en terre cuite, dont la panse est formée par une tête de femme dont le visage est peint en détrempe, à

— 23 —

l'exception des yeux et des lèvres qui sont vernis ainsi que le reste du vase. Hauteur 34 cent.

133 — Très-grand et très-beau vase en terre cuite, amphore à large panse se terminant en pointe et sans pied ; elle est décorée de deux zones superposées et peintes en rouge sur fond noir : la première représente un combat de bêtes féroces ; la seconde, une course de trois quadriges montés par des femmes ; des figures à pied séparent chaque attelage et semblent activer la vitesse des coursiers ; les anses, en terre jaune, sont formées par des têtes d'aigles d'où sortent des pattes de griffons se rattachant au vase par de larges enroulements à palmettes et en relief. Il se pose sur un socle en forme de bracelet découpé à jour, en terre noire. Cette pièce, par sa forme et son genre de décoration, est de la plus grande rareté. Haut. 65 cent.

134 — Grand vase Prefericulum à large panse et base très-étroite dont l'ouverture est en trèfle ; il est couvert d'ornements en imbrications très-fines, rouges, jaunes et noires, fabrique phénicienne. Haut. 41 cent.

135 — Vase amphore en verre bleu foncé décoré de zones chevronées de diverses couleurs. Haut. 13 cent.

136 — Autre d'un bleu plus clair et de plus petite dimension. Haut. 8 cent.

Ces deux pièces sont d'une fraîcheur et d'une conservation remarquables.

137 — Petit vase de forme ronde à goulot en verre couvert d'ornements moirés en émail de diverses couleurs. Pièce rare. Haut. 6 cent.

Sculptures en marbre de la Renaissance et autres.

138 — Assez grand bas-relief du xv° siècle, représentant une madone vue jusqu'au-dessous des genoux. Deux anges soutiennent une couronne au-dessus de sa tête coiffée d'un voile rejeté en arrière et élégamment ajusté, les bords de son vêtement sont en riches broderies; à droite et à gauche du siége, montent deux candelabres ornés, et au bas de chaque côté se trouvent deux blasons différents. Cette belle sculpture du xv° siècle a conservé en partie la peinture et la dorure de l'époque. Haut. 90 cent., larg. 48 cent.

139 — Petit bas-relief représentant une madone; elle est en pied et assise au milieu d'un paysage. Haut. 55 cent., larg. 35 cent. Jolie sculpture du xvi° siècle.

140 — Cariatide de la fin du xv° siècle ayant servi de fontaine; à sa partie supérieure est un beau buste de femme de la chevelure de laquelle partent deux dauphins qui lui mordent les seins. Le milieu est occupé par un masque d'homme jetant l'eau par sa bouche; elle se termine par une gaine en forme de griffe ornée de feuillages; curieux et beau spécimen de sculpture de la renaissance italienne. Haut. 95 cent.

— 25 —

141 — Buste de saint Jean-Baptiste en bas-relief; le sentiment qui règne dans cette sculpture et la finesse du travail accusent la main d'un grand artiste italien du xve siècle. Haut. 43 cent., larg. 35 cent.

142 — Petite Vierge en pied et en bas-relief; elle est assise sur un joli siége, à ses pieds est un petit saint Jean jouant avec l'Enfant-Jésus; sculpture française du commencement du xvie siècle.

143 — Deux colonnes striées en spirale et incrustées de mosaïques d'or et d'émaux de différentes couleurs; elles ont leurs embases et leurs chapitaux. Ouvrage italien du xie au xiie siècle; elles ont plus d'un mètre de hauteur. Haut. 1 mèt. 8 cent.

Objets divers.

144 — Une épée en fer à garde gravée et ciselée.

145 — Dague, dite main gauche, en fer, finement damasquinée d'incrustations d'argent; la lame est gravée.

146 — Autre dague du même travail, avec lame à gouttière et repercée à jour.

147 — Dague dont la poignée et le fourreau sont en argent, ornés de ciselures et de pierreries.

148 — Petite arbalète de chasse finement incrustée d'ivoire.

149 — Paire de couteaux dans leur étui, montés en argent ciselé et niellé.

— 26 —

150 — Couteau à lame en cuivre doré se refermant sur un manche en gros filigrane d'argent; il est suspendu à une longue chaîne de même métal.

151 — Casque en fer forme morion très-finement gravé.

152 — Canon d'arquebuse décoré de sujets et ornements finement ciselés en relief.

153 — Crucifix en cuivre doré, vêtu d'un jupon descendant au-dessous des genoux, émaillé; il est placé sur une croix entièrement émaillée; travail de Limoges du XIIIe siècle.

154 — Deux figures en cuivre doré et émaillé représentant la Vierge et saint Jean; elles accompagnaient le Christ ci-dessus. (Même travail.)

155 — Trois autres pièces comme ci-dessus, l'arbre de la Croix manque.

156 — Trois autres pièces du même genre, Jésus debout en évangéliste et deux figures de saints à mi-corps.

157 — Grand calice en argent doré, dont le pied, la tige, le nœud et la fausse-coupe sont ornés d'émaux translucides.

Bel ouvrage d'orfévrerie italienne du commencement du XVe siècle; il porte le nom du donataire et la date.

Les émaux ont beaucoup souffert. Haut. 25 cent.

158 — Petit calice du XIVe siècle dont la coupe est en argent; le nœud est formé par un petit château composé d'arcades, contenant

des petits sujets d'émail translucide sur argent; le pied, la tige, la fausse-coupe sont décorés d'émaux semblables.

159 — Ciboire en argent, partie doré, de la fin du xve siècle.

160 — Petite croix en cuivre, finement travaillée, en filigrane, dans lequel sont enchâssés des émaux cloisonnés sur argent; ouvrage italien du xiiie au xive siècle.

161 — Calice en cuivre doré et repoussé, avec coupe en argent, xvie siècle.

162 — Un autre avec des émaux dans le nœud, du xive siècle.

163 — Grand et beau calice en cristal de roche du xvie siècle, monté en argent doré. Haut. 28 cent.

Cette pièce se recommande par son importance et la beauté de la matière.

164 — Reliquaire ostensoir en cuivre doré dont le pied est émaillé.

165 — Grand et bel encensoir du xive siècle, en cuivre doré, composé de deux étages richement décorés de flèches et façades découpées à jour. Haut. 27 cent.

166 — Autre encensoir du xiiie siècle, en forme de boule, orné de rinceaux champ-levés et de salamandres en applique.

167 — Belle croix processionnelle en cuivre doré et argenté, dont l'arbre et les branches sont couverts de panneaux formant réseaux très finement repoussés et découpés; le nœud est orné de six nielles sur argent. Ouvrage italien de la fin du xve siècle.

— 28 —

168 — Grande croix processionnelle en argent doré; elle est richement décorée de figures et ornements au repoussé; ouvrage italien du xive siècle.

169 — Reliquaire sous la forme d'un chef d'évêque en cuivre doré et argenté, sa mitre ornée de cabochons et de fines ciselures, son vêtement est décoré de rinceaux et de figures au repoussé; xve siècle. Haut. 60 cent.

170 — Autre reliquaire du même genre, mais en bois peint et doré; il représente le buste d'une des onze mille vierges dont le nom est écrit sur sa poitrine; par une petite ouverture pratiquée au-dessus de la tête, on voit le crâne de la sainte.

171 — Grand vitrail italien du xiiie siècle, représentant le sujet de l'Annonciation, encadré dans une riche bordure de feuillages et de mosaïque. La peinture est traitée comme celle d'un tableau, dont elle ne diffère que par la transparence.

Cette pièce est sans contredit un des plus beaux spécimen de la peinture sur verre. Haut. 77 cent., larg. 69 cent.

172 — Coupe basse en argent doré et émaillé; au fond, un médaillon en émail représentant une figure d'homme, moitié poisson, tenant une épée et un bouclier; le reste du vase, en dedans et en dehors, est couvert de fleurs émaillées dont les tiges sont en filigrane ainsi que les contours des émaux; pièce curieuse.

173 — Triptyque en émail du xve siècle ; le tableau du milieu représente la Nativité, l'un des volets l'Annonciation aux Bergers ; sur l'autre, les Donataires invoquent la Vierge et l'Enfant-Jésus qui leur apparaissent dans le ciel. Il est monté en cuivre doré. Haut. 30 cent., larg. 45 cent., développé.

174 — Petit autel portatif à volets décorés de peintures en verre églomisé, représentant différents sujets du Nouveau-Testament ; la monture est en ébène ; ouvrage italien du xviie siècle.

175 — Statuette en ivoire représentant un chevalier revêtu d'une armure ; la tête est découverte, la main gauche repose sur la garde de son épée, et de la droite il tient un bâton de commandement.

Cette pièce est remarquable par sa dimension et la finesse de son exécution ; époque Louis XIII. Haut. 34 cent.

176 — Grattoir dont le manche est formé par un groupe d'enfants, sculpté en ivoire, dont l'un soutient une couronne ; sur leurs corps nus se trouvent quatre abeilles : armes de la famille Barberini ; sur la lame dorée on lit : Cardinale Barberini. Joli travail italien du xvie siècle.

177 — Cippe en ivoire décoré d'un bas-relief représentant un groupe de musiciens et un autre de personnages qui les écoutent.

178 — Cippe en ivoire gothique ; autour est un sujet de chasse.

179 — Grand et beau Christ en ivoire du xviie siècle. Haut. 34 cent. sans les bras.

— 30 —

180 — Autre d'une plus petite dimension, d'une grande finesse d'exécution, style italien du xviie siècle.

181 — Belle quenouille en buis couverte de sculptures très-fines. Travail italien du xviie siècle.

182 — Petite bordure en buis finement sculptée; des figures d'anges au milieu de feuillages, tiennent les divers instruments de la Passion. Travail italien du commencement du xviie siècle.

183 — Jolie pochette dont le corps est entièrement sculpté, le manche se termine par une tête de lion.

184 — Tympanon en bois sculpté et doré sur un fond de glace.

185 — Tympanon dont la table est ornée de peintures, les côtés de l'instrument sont en mosaïque de bois.

186 — Épinette ou clavecin en ébène incrustée d'ivoire, du xviie siècle. Elle est datée et porte le nom de son auteur.

187 — Horloge du xvie siècle, en cuivre doré, dont la cage flanquée de quatre cariatides est surmontée d'une riche coupole découpée et finement ciselée; quatre petits ours héraldiques occupent les quatre angles de la plate-forme; sa base, richement décorée d'ornements et figures en bas-relief, repose sur quatre petits chevaux marins; elle est montée sur un socle en ébène orné de frises en cuivre doré, porté par quatre lions.

188 — Autre horloge en cuivre doré, beaucoup plus grande que la précédente. Elle est surmontée de galeries et coupoles superposées

se terminant par une figure de guerrier; sur les quatre piédestaux, occupant les angles de la plate-forme, sont quatre petites figures ailées jouant de la flûte de Pan; la base, décorée de bas-reliefs au repoussé, repose sur quatre chevaux marins, que quatre petits Génies, assis sur les rampants, semblent conduire. Le socle en ébène est porté par quatre lions, et décoré d'ornements d'applique en cuivre doré. Les quatre faces de l'horloge sont occupées par plusieurs cadrans dont chacun correspond à un mécanisme intérieur différent. Cette belle pièce d'horlogerie du XVI° siècle n'a point subi, comme tant d'autres de ce genre, des altérations, et est susceptible de marcher. Haut. 70 cent. y compris le socle.

189 — Petite horloge en cuivre doré, du XVI° siècle; la cage hexagone repose sur une base élevée et carrée, dans laquelle sont pratiquées des niches contenant des figures d'argent; elle est couronnée par une coupole d'une extrême finesse de travail.

190 — Grande montre horloge du XVI° siècle, en cuivre doré, dont la boîte à jour est finement ciselée. Diam. 10 cent.

191 — Très-grand pommeau de siége en cuivre doré, sur un socle orné de cariatides et mascarons; trois figures de femmes entourent un arbre portant une sphère sur laquelle est assis un satyre jouant de la flûte de Pan.

— 32 —

192 — Pied ou socle de candelabre en bronze, décoré d'ornements d'une grande finesse; xvi⁰ siècle.

193 — Joli heurtoir de porte, formé par une Sirène au milieu de Dauphins, bronze du xvi⁰ siècle.

194 — Beau groupe en bronze italien, du rapt d'une Sabine, célèbre composition de Jean de Bologne; sur le socle est incrusté un bas-relief représentant Mars et Vénus; xvi⁰ siècle. Haut. 56 cent.

195 — Grand et beau bronze fondu, en cire perdue, attribué à Benvenuto Cellini ; il représente Mercure quittant la terre, et rappelle le même sujet placé dans le piédestal de son Persée, qu'on voit sur la place du Grand-Duc, à Florence. Haut. 50 cent.

196 — Groupe de la Charité; figures en haut-relief et d'applique, bronze italien du xvi⁰ siècle.

197 — Figure dans la pose du Mercure de Jean de Bologne, tenant dans la main droite une coquille en argent; bronze italien d'une extrême légèreté; xvi⁰ siècle.

198 — Figure de Vénus en bronze, d'une très-grande légèreté, du xvi⁰ siècle.

199 — Jolie figure d'enfant monté sur un cheval marin; bronze italien en cire perdue, d'une grande légèreté, du xvi⁰ siècle.

200 — Joli fronton en bronze italien capricieusement ajusté.

— 33 —

TROISIÈME VACATION.

Objets divers.

201 — Quatre médaillons de saints en marbre encadrés dans des bordures de cuivre.
202 — Mors de cheval en fer, style gothique.
203 — Armoirie en cuivre doré; elle est surmontée de la corne des Doges vénitiens.
204 — Clef en cuivre doré aux armes d'Autriche.
205 — Vierge gothique debout en cuivre.
206 — Plateau à fruits, en cuivre repoussé et découpé à jours; xviie siècle.
207 — Horloge de table carrée, en cuivre doré et gravé; elle est dans son étui.
208 — Petite montre marine du xvie siècle, en cuivre doré; elle est accompagnée de son prospectus imprimé, portant l'adresse du fabricant à Ausbourg.
209 — Petit coffret en étain, recouvert d'ornements en relief et à jours finement exécutés; xive siècle.
210 — Petite figure d'enfant sculptée en ivoire.
211 — Petit pistolet en cuivre et en fer, gravé et doré, du xvie siècle.
212 — Petit cadre en cuivre émaillé.
213 — Deux petites bossettes en cuivre émaillé de diverses couleurs.

— 34 —

214 — Pièces d'échiquier en ivoire et en bois, du xvie siècle.
215 — Pion d'échiquier en ivoire, du xiie siècle, représentant un cheval.
216 — Petite boîte plate, en ivoire, avec un sujet mythologique finement sculpté sur le couvercle.
217 — Petit bénitier en ivoire très finement sculpté à jour.
218 — Petit étui en vernis Martin à figures.
219 — Autre étui nécessaire en vernis Martin.
220 — Deux manches très-fins décorés de peintures et de reliefs dorés en émail de Saxe.
221 — Un étui en écaille piquée et incrustée d'or.
222 — Un nécessaire étui formant lorgnette, en émail de Saxe.
223 — Jolie boîte très-fine, avec peintures et reliefs dorés, en émail de Saxe, non montée.
224 — Petit trictrac avec ses dames, en marqueterie de bois et d'ivoire; xvie siècle.
225 — Vase en cuivre, repoussé et découpé à jours, porté sur trois pieds en forme de cariatides; il renferme un fourneau et un autre vase à contenir de l'eau.
226 — Bassin en cuivre repoussé et décoré à l'extérieur d'émaux; travail oriental.
227 — Aiguière et son bassin en étain du xve siècle; ils sont couverts de figures et d'ornements en relief.
228 — Seau ou vase à eau bénite à anse mobile, en cuivre finement gravé et ciselé; ouvrage vénitien dans le style oriental du xvie siècle.
229 — Petit vase à anse, décoré d'arabesques et de caractères arabes d'une grande finesse.

— 35 —

230 — Boîte ronde et plate en cuivre, finement ciselée et incrustée d'argent; travail vénitien du xvi° siècle.

231 — Jolie paire de chandeliers en cuivre finement gravés ; travail vénitien du xvi° siècle.

232 — Autre paire en cuivre repoussé, du xvii° siècle.

233 — Petit brazero du xvi° siècle, en cuivre repoussé.

234 — Grand brazero de la forme la plus élégante, du même travail ; il est accompagné de son couvercle en forme de dôme, couvert d'ornements à jours et de figures repoussées.

235 — Petit vase en cuivre du xiv° au xv° siècle, dont l'anse et le goulot sont formés par des animaux chimériques.

236 — Brûle-parfums oriental, en cuivre doré, surmonté d'une grande coupole entourée de sept autres plus petites; il est monté sur trois pieds attachés à un plateau de même métal.

237 — Grand plat en cuivre à ombilic, du xvi° siècle; il est couvert d'ornements et figures d'animaux, en relief.

238 — Miroir métallique, dont le cadre en cuivre doré est couvert d'ornements repoussés, du xvi° siècle.

239 — Trépied en fer forgé, formé d'enroulements capricieux et destiné a supporter un bassin.

240 — Grand gril en fer finement travaillé à jour; la partie destinée à recevoir des viandes est formée par une rosace tournante qui permet de les éloigner ou de les rapprocher des charbons à volonté.

241 — Deux bras de lumières en fer du même travail que le trépied.

242 — Grande et belle lampe de suspension, en cuivre gravé et repercé à jour; elle est munie de ses chaînes qui se rattachent au vase par des figures de femmes à mi-corps; travail vénitien du xvi⁵ siècle.

243 — Deux vases, en bronze doré, de forme Médicis, sans anses, et hexagones; ils sont décorés de guirlandes et de têtes de chérubins. Epoque de Louis XIII.

244 — Grande trousse de veneur dont l'étui en cuir est décoré d'ornements frappés et relevés.

245 — Bel étui en cuir, frappé et relevé, ayant contenu un objet de forme allongé.

246 — Coffret en fer à couvercle cintré décoré d'ornements en damasquiné d'or; xvi⁵ siècle.

247 — Croix reliquaire en fer, à double transept, richement et finement damasquinée d'or; xvi⁵ siècle.

248 — Coffret en fer, du xv⁵ siècle, couvert de broderies en réseaux, à reliefs et découpés sur fond de couleur.

249 — Cisaille en fer damasquinée d'argent.

249 bis — Petite boîte à portrait, en cuivre doré et finement repoussé; du xvi⁵ siècle.

250 — Deux belles lumières italiennes, en bois doré et sculpté, ornées de glaces; les bras sont en fer doré décorés de feuillages. H. 1 m., larg. 65 cent.

251 — Cabinet en ébène orné de sculptures et d'incrustations de marbres et autres matières; la niche du milieu ou tabernacle est décorée de peintures représentant des dames

— 37 —

et des cavaliers dans le costume de l'époque de Louis XIII : joli meuble italien du xvi° siècle. Haut. 85cent. Larg. 75 cent.

252 — Autre cabinet plus petit en ébène incrusté d'ornements très-fins en ivoire.

253 — Joli pupitre à écrire couvert d'ornements incrustés et gravés en ivoire ; il s'ouvre par le côté à tiroir.

254 — Grand coffre d'atours en forme de sarcophage ; il est en noyer rehaussé de parties dorées, la façade est divisée en compartiments à sujets dans celui du milieu est un blason de famille italienne, ayant deux figures de génies pour supports; aux angles, et entre chaque motif, sont des cariatides ; l'intérieur est tapissé de damas rouge encadré dans des moulures dorées.

255 — Six escabeaux vénitiens en bois sculpté.

256 — Petit meuble, coffret à bijoux couvert d'ornements découpés en écaille, sur fond d'argent ; des tiroirs sont placés sur les côtés ; la façade est ornée d'un portique dont les colonnes, du même travail, supportent des petites figures en cuivre doré placées sur des petits piédestaux en ébène incrustés de lapis ; quatre autres figures en cuivre doré placées sur des piédestaux pareils occupent les quatre angles du couvercle, duquel s'élève un dôme à pans coupés surmonté d'un petit Atlas en cuivre doré ; sur le devant de la coupole se trouvent les portraits d'Henri IV et de Marie de Médicis, en cuivre doré d'applique.

257 — Meuble cabinet dont la façade est revêtue de plaques en fer damasquinées d'or et d'argent; l'extérieur est recouvert de peau jaune toute cloutée de cuivre.

258 — Belle bordure italienne finement sculptée en bois de noyer, avec fronton cul-de-lampe et pendentifs, contenant un portrait de dame dans un riche costume du xvie siècle, très-finement peint sur bois. Haut. 1 mètre.

258 bis — Deux belles bordures vénitiennes en bois doré et sculpté du xvie siècle, avec fronton cul-de-lampe et pendentifs dans le meilleur goût de la Renaissance italienne.

259 — Beau missel manuscrit du xiie au xiiie siècle, enrichi de grandes miniatures sur fond d'or et de lettres figurées; il est précédé d'un calendrier orné de sujets représentant les douze mois de l'année. Il est avec toute marge et d'une belle conservation, forma de grand in-8º d'aujourd'hui.

260 — Livre manuscrit, dans sa reliure de l'époque, contenant les statuts d'une confrérie de la ville de Pérouse et le registre de ses membres; il est orné de plusieurs miniatures finement exécutées.

261 — Grande et belle miniature sur vélin, représentant le Lavement des pieds, beau style italien de la fin du xve siècle. Larg. 30 cent. Haut. 24 cent.

262 — Plusieurs miniatures sur vélin.
Ce lot sera divisé.

263 — Plaque en émail de Limoges, cintrée par le haut, sujet de l'Annonciation; à la partie supérieure, le Père Éternel dans une gloire porté par des anges.

264 — Figurine en buis finement sculptée, représentant saint Pierre debout ; elle est montée sur un socle en marbres rapportés.

265 — Grande figure de Vierge finement sculptée en buis du xiv⁰ siècle ; elle est posée sur un socle en marqueterie de bois et d'ivoire. Haut. 40 cent., non compris le socle.

266 — Coffret octogone décoré de figures en bas-relief sculptées sur des os, et de fines marqueteries d'ivoire, travail italien du xiv⁰ siècle.

267 — Petit triptyque du même travail.

267 bis — Belle croix en bois à triple transept, entièrement couverte de bas-reliefs représentant les sujets de la Passion finement sculptés. Haut. 60 cent.

268 — Autre petite croix du même genre enchâssée dans une monture en argent émaillé.

269 — Figure sculptée en ivoire, représentant la déesse Junon.

270 — Figure de femme sculptée en ivoire ; elle est nue et assise, se tirant une épine du pied.

271 — Petit bas-relief en ivoire, représentant le sujet du Serpent d'airain.

272 — Petit buste de femme sculpté en buis du xvi⁰ siècle.

273 — Petite boîte ou tabatière en buis, sous la forme d'un soulier, très-finement sculptée.

274 — Petit écritoire en buis, du même travail ; le vase est supporté par trois petits pieds cariatides ; le couvercle est surmonté d'une tige formée de trois cariatides adossées.

275 — Diptyque sculpté finement en ivoire du XIVe siècle, dont la peinture et la dorure sont en partie conservées.

276 — Autre plus petit sans peinture ni dorure.

277 — Deux médaillettes ou dames de trictrac en bois très-finement sculptées, représentant les portraits de Ferdinand et d'Isabelle d'Espagne, avec la date de 1540; travail allemand.

278 — Deux petites médaillettes ou dames de trictrac, représentant des bustes de femmes finement modelés en cire; sur la bordure en bois de l'une des deux, on lit : *Maximilion Cæsar cantatrix*.

279 — Petit drageoir en fer finement ciselé et repoussé à jour; dessus et dessous sont enchâssées deux petites plaques gravées en cristal de roche.

280 — Croix pectorale en cristal de roche d'un seul morceau; le crucifix en argent est placé sur une croix en filigrane d'argent, de plus petite dimension, et agrafée sur l'autre.

281 — Petite croix en cristal de roche montée en or émaillé.

282 — Médaillon à double face sculpté en ivoire, représentant des sujets du Nouveau-Testament très-finement exécutés; il est enchâssé dans une monture en or émaillé, dont la bellière à charnière est enrichie de brillants; ouvrage byzantin du XIVe siècle.

— 41 —

283 — Pendeloque de collier en or émaillé, représentant un Centaure ; elle est suspendue à de petites chaînes en or émaillé, bijou du XVIe siècle.

284 — Collier et sa pendeloque composé de chaînons émaillés sur or, bijou du XVIe siècle ; le pareil, ou un analogue, se voit représenté sur un portrait de femme figurant au catalogue sous le numéro   .

285 — Petite montre en or émaillé sous la forme d'un melon, bijou de l'époque de Louis XVI.

286 — Petit bas-relief repoussé en argent du XVIe siècle, représentant le roi Midas.

287 — Petit médaillon double, représentant deux têtes de saintes peintes en émail sur or.

288 — Deux petits émaux sujets mythologiques, sur or.

289 — Petit reliquaire à suspension, en or émaillé ; dans une niche surmontée d'une couronne, et entourée de rinceaux, se trouve une petite madone.

290 — Montre en or, avec sujet émaillé sur la boîte, de l'époque de Louis XV.

291 — Montre en or avec cuvette en cristal de roche ; le cadran est enrichi de rubis : de l'époque de Louis XV à Louis XVI.

292 — Boucle d'oreille ou pendeloque en or émaillé ; une main émaillée tient suspendu à de petites chaînes un pélican en or sans émail.

— 42 —

293 — Petite pendeloque en or émaillé, sous la forme d'une grenouille ; sur son ventre est peinte une croix de Malte.

294 — Paire de boucles d'oreilles en argent doré, très-finement travaillées.

295 — Étui en argent émaillé.

296 — Boîte à bonbons en cristal de roche, avec monture en argent doré du xvi⁰ siècle.

296 bis — Petite coupe à piédouche élevé, en cristal de roche gravé.

297 — Boîte à bonbons en cristal de roche, monture en or dans sa boîte de l'époque.

298 — Autre plus petite montée de même.

299 — Très-petit vase en cristal de roche gravé, monté en argent doré du xvi⁰ siècle.

300 — Tête de Christ très-finement gravée en creux sur cristal de roche.

301 — Cœur gravé en cristal de roche.

302 — Sujet émaillé sur verre du xv⁰ siècle, représentant une madone.

303 — Médaillon à double face, monté en argent peint, sous cristal de roche, représentant des sujets du Nouveau-Testament. Deux autres plaques du même travail non montées.

304 — Plusieurs grandes plaques de verre églomisé, représentant des portraits de personnages du xvi⁰ siècle encadrés dans des ornements d'arabesques.

305 — Petit sablier dont la monture est en filigrane d'argent.

```
  10
   0
   2
  78
 ─────
 268
  19  40              90
                      45
 281  20              80
                      40
                     ───
                     305
```

21
94

prologue   21
fragment
philosopher   15
new darlogue 17   180
valen   170   136 50
                     ──────
adequar   90   044 50
but-2 form   15   ───────
dym   98   180 50
programs   94

```
                                                    15
                                                    15
                                                    12
                                                    ——
                                                    45

              34                                99
              21 =         120                  28  10
      55      37 =          9                       —
      92      91 =         25
      16      ——            9                       26
      ——      129          20                       30
      110      6   15      20                       
                            78
   248 70  129 15           39
   129 15                   91
   ——                       ——
   377 85              577
                       28 50           120
                                        9
                                       25
                                       94
                                       20
       60 5    50     605 50         309
       37      85                     
              
        92      65            05 50
```

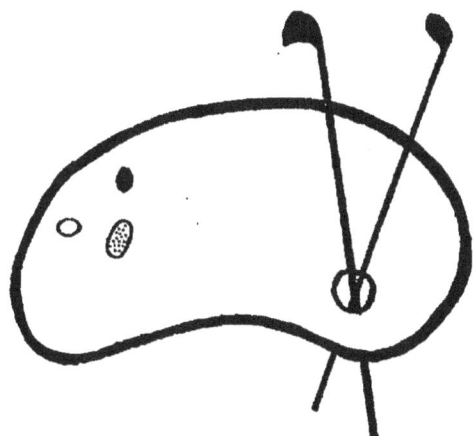

ORIGINAL EN COULEUR
NF Z 43-120-8

www.ingramcontent.com/pod-product-compliance
Lightning Source LLC
Chambersburg PA
CBHW050026230526
45470CB00003B/1155